꽃 벌판 저 너머로

朴大文 시집

現代詩文學

꽃 벌판 저 너머로

첫 시집을 내며

야생화에 빠져 산과 들을 쏘다니고
고운 모습 간직하고파 사진을 찍고
그래도 또 아쉬어 글을 썼습니다.

틈틈이 Blog에 올린 글과 사진들을 모아서
부끄럽지만 시작의 표시로
첫 시집을 출간하게 되었습니다.

비록 미흡한 시집이지만 저 혼자만의 힘으로
이루어짐이 아님을 알았습니다.

출간의 계기가 된 김 상문 회장님과
항시 가르침을 베푼 김 영철 실장님,

그리고 갈망해 온 기회를 주고 한없는 도움을 주신
Unison의 이 정수 회장님과 유니슨 가족,
모두의 도움으로 이루어 진 것입니다.

모두에게 감사드리며
제가 사랑하는 모든 이에게
이 시집을 올립니다.

2009. 8. 26
朴 大文 (http://blog.naver.com/dmpark05)

차례

02 첫시집을 내며

08 대관령의 봄
10 밤바람 얼어도 봄 꿈은 자란다
11 그리움에 떨며
12 둘이라서 좋구나
13 평온의 낙락장송처럼
14 純白의 황홀
15 積雪 山中
17 서리되어 바람되어
18 盆栽 모과 꽃망울
19 하늘에 점하나
20 한 알의 꽃망울은
21 새싹
22 진달래꽃 酒
25 버들강아지
26 美皇寺 동백꽃
29 대관령 四月의 잔설
30 댓글이나 주고 가소서
33 동의나물꽃
34 곰배령 꽃멀미

귀릉꽃 사랑 37
비갠 오월의 산천 38
당개지치 39
하늘의 꽃 41
찔레꽃 43
초로같은 인생이라는데 44
미모사꽃 45
풀 사랑 46
달맞이꽃 47
7월의 노고단에는 48
새벽에 우는 뻐꾸기 50
남한산성에 오르니 51
꽃과 함께 꽃이 되네 52
아름답고 말고 54
뚱딴지꽃 55
산앵두 56
대관령 四季(1) 57
이 가을엔 58
대관령 四季(2) 59

차례

60 어두움과 밝음처럼 함께
63 단풍 숲을 거닐어 보자
64 우린 이렇게 살자꾸나
66 자연 序詩
68 바람따라 낙엽따라
70 드림파크 억새밭
72 단풍 너울
74 핏빛 진한 단풍 되어
76 단풍길 行路
78 아! 바람이여, 너는 누구냐?
80 호수를 밟는 바람
83 碑峰에 새긴 뜻은
84 물안개 피는 강변의 수채화
86 그리움
88 내 언제 주는 기쁨을 아랴.
90 눈 덮힌 숲길에서
92 가슴앓이 그리움, 雲亭은 無常터라
94 겨울눈(冬芽)의 기도
96 춘심(春心) 몸살

사랑의 봄편지 98
능수버들 그대 100
춘란(春蘭) 101
섬진강변 매화꽃 102
동강할미꽃 104
삼천포항 포장마차 106
칭다오(靑島)의 아침 108
생명의 빛, 부활 110
바위 위 동의나물 112
민재봉 산철쭉 113
생(生)은 아름답다 114
물솜방망이 꽃 116
대나무 숲길에서 118
남한산성벽의 기린초 120
꽃 벌판 저 너머로 122
백마고지용사 위령비 앞에서 124
용늪의 비로용담 126
꽃창포 128
해설: 양하 시인 131

대관령의 봄

백설이 만 건곤하여
온통 천지가 흰 빛으로만 보이고
생명의 기미라곤 찾아 볼 수도 없었던
황량하고 삭막한 백두대간의 산마루에
움직이는 건 오직 풍력발전기의 날개짓 뿐이고..
하늘과 땅이 흰 빛으로 연결되어 보이더니만.

삭풍을 동반한 폭설이 휘몰아 칠때면
저 깊디 깊은 골짜기부터 해발 1,000 m가 넘는
이곳 산마루까지 언제나 봄이 오려나 싶었는데..
세월은 어김없이 윤회와 순환의 고리를
끊지 않고 반복하는 것인가?
감추어진 땅들이 자취를 드러내는가 싶더니
또다시 찾아오는 꽃샘 추위는
이제 막 눈 뜨려는 새 생명을 시련으로 달구고
강인한 새 생명력은
혹한과 삭풍 속에서도 내일을 준비하였나니.

질기디 질긴 야생초의 끈질김은
눈[雪]과 더불어 강인한 새 움을 키우고 내 밀어
어떠한 역경과 시련도 아랑곳하지 않고
하늘의 뜻과 자연의 순리에 맞추어 내일을 준비하며
인고와 굳셈과 기다림으로 이어 왔나니.
야생초의 삶과 지혜를 배운다.

-대관령의 봄(07.4)-

밤바람 얼어도 봄 꿈은 자란다

달이 잠긴 초겨울 밤하늘
잘 닦인 유리창처럼 맑다.
하늘 높고 맑으니 달빛 푸르다.
푸른 달빛에 밤바람이 얼고
스치는 바람결에 별빛도 떨린다.

서리바람 이는 깊은 산마루 밤하늘은
한 겨울 호수 위 얼음짱처럼
쩡–하고 갈라질 만큼 잘 얼었다.

흐르는 달빛에 스치는 찬 바람이
한 잎 남은 가랑잎 마저 떨군다.
켜켜히 쌓인 낙엽더미에 눈이 내린다.
한 해의 萬象이 하얗게 묻힌다.
아! 봄 기다림도 그 속에 묻혀
찬란한 새 봄을 키운다.

–대관령 11월의 상현달 (07.11.19)–

그리움에 떨며

대관령 야생초와 함께
丁亥년을 마감하며
긴 동면의 雪夜를
잠 못이루는 그리움에 떨리라.

凍土의 혹한 속에서
백설이 분분하는 얼어붙은 밤하늘 지켜보며
다시 필 산야초를 기다릴지니라.

삭풍 몰아치는 눈 속에서도
오는 봄 놓칠세라 새 눈 틔워 겨울 나는
호랑버들처럼 기다릴터이다.
슬프게도 아득한 봄을…

- 그리움에 떨며 - 설풍 속의 호랑버들 겨울눈 (07.11.20.) -

둘이라서 좋구나

온 세상이 백색 하나로,
순수로 귀환하는데
고고한 기품을 잃지 않고
백설의 광야에 우뚝 선 소나무.
하나가 아니고 둘이라서 보기 좋고
굽지 않고 의연하고 당당하니
그 기상 일품일세.

세파에 시달리고
비바람, 눈보라에 꺾일지라도
순백의 세계에 고고한 鶴인양
독야청청 하거라.

하나가 아니라 둘이라서
따뜻해 보이구나.
아름다워 보이구나.
정다워 보이구나.

살을 에는 찬 바람 불고
한기 서린 적막 심산 눈 벌판에
외로워 보이지 않으니
추워 보이지 않으니
하나 아닌 둘이라서 그렇구나.

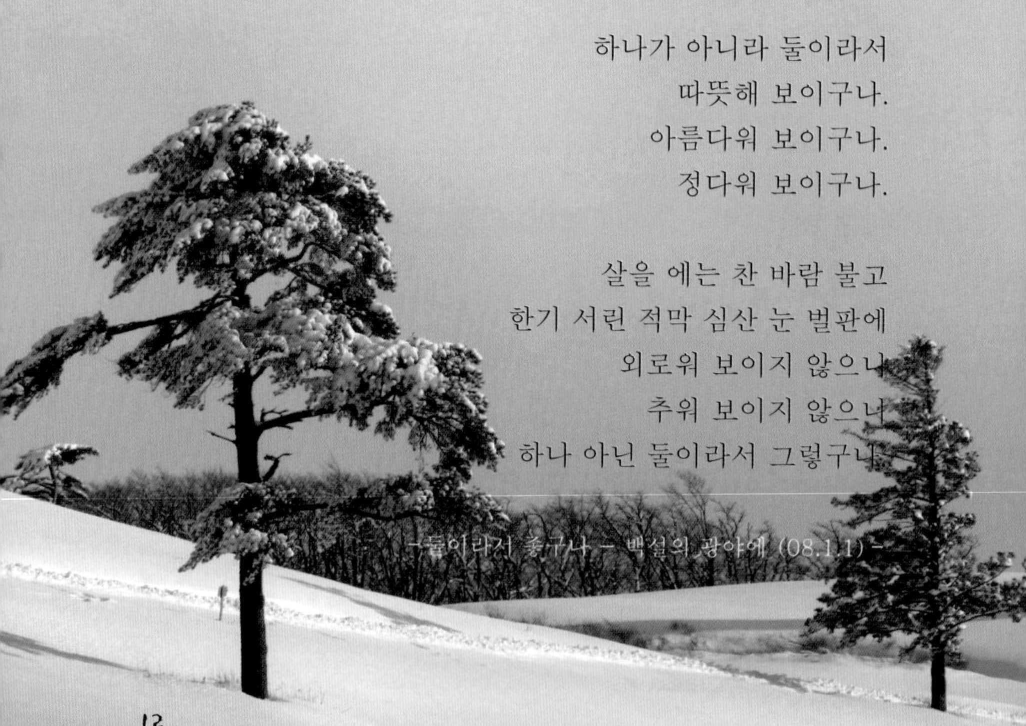

－둘이라서 좋구나 － 백설의 광야에 (08.1.1)－

평온의 낙락장송처럼

세상에 비바람 몰아쳐도
눈보라 불어와도
사시사철, 주야장천
눈 벌판의 백마 탄 기사처럼
꿈쩍도 않고 의연하게
서 있는 소나무.
두 팔 벌려 하늘 향한
간절한 기도인가?

밀려오는 외로움도
닥쳐오는 시련도 아랑곳 않는
불패자의 강한 환희의 팔 벌림인가?

바람이 불어도, 불지 않아도
꽃이 피어도, 꽃이 져도
봄이 가고, 겨울이 와도
외로움이 밀려와도, 기쁨이 떠나가도
아예
희로애락에 물들지 않음이여.

대관령지기의 심신의 평온은
찾아 올 날 언제일까?
어디에서 찾을까?

-눈보라 불어와도 낙락장송처럼 (08.1. 23)-

純白의 황홀

하늘 우러러 한 점 부끄럼 없이
살아온 지난 날이었다고
내 어찌 말 할 수 있으리요?

생노병사의 인생 旅程에
순백의 한 마음으로 살아보겠다고
하루에도 수 없이 되뇌어 보지만
희노애락의 소용돌이 속에서
그 얼마나 자유로울 수 있었던가?

삶은 무엇이고 비움은 무엇이기에
하- 그리 어려운 고비 고비 여정에
할퀴우고 찢기우고 찌드러진 꿈의 파편을
가슴에 묻어 두고 비우지 못했나?

품 속에 사금파리처럼
되새길수록 할퀴며 파고드는 욕망의 조각들
묻어버리고 털어버리자.

백설의 지평선처럼 한 가닥 線에
기쁨과 감사와 사랑을 띄우고
세상 만사를 비추어 보자.

순백의 직선과 공백의 여유 속에
황홀하게 투영되는
線너머 겨울 裸木들이
너무도 아름답고 여유롭구나.

–순백의 황홀 (08.1.22)–

積雪 山中

고요다.
침묵이다.
靜止다.
온 山, 계곡이
白雪에 푸욱 잠겼다.

老松 가지에 휘도록 쌓인 눈
숨죽여 스쳐가는 무심한 바람결에도
후두둑 하얀 꽃가루되어 무더기로 흩 내린다.

산새도 날개 접고
바람도 쉬는 계곡에
고라니, 산토끼 주린 배 웅크리고
맑은 눈동자만
데룩데룩 굴리겠네.

쪼르르 숲들쥐 한 마리
하얀 눈 비탈에
點, 點, 點,
흰 선을 그린다.

- 적설 산중에는 (08.1.22) -

서리되어 바람되어

하늘 높다.
山 높다.
그 山위 나무 끝
또한 높다.

마루금에 서있는 빈 가지 끝이
아스라히 하늘에 닿았다.

그 가지 끝 타고
온 하늘 떠도는 외로움
번개 빛 마냥 흘러들고,

마음 속 솟구치는 그리움
이른 봄 樹液마냥 뻗쳐오른다.

흘러든 외로움은
땅위에
서리되어 맺혀라.

뻗쳐오른 그리움은
허공에
바람되어 흘러라.

-허공에 바람 되어 (08.2.18)-

盆栽 모과 꽃망울

새어드는 봄기운 어찌 아느뇨.
물결무늬 빈가지에 찬바람 돌아
겨우내 죽은 듯 꿈만 꾸더니
긴가 민가 움트는 이파리 신통타 했더니
어느새 꽃망울 터뜨리네.

보송보송 하얀 꽃솜털에 가리운
연분홍 꽃망울,
하— 여리기에 가슴 저미고
선연한 분홍빛에 눈물 도는구나.

앙상한 빈가지에 삭풍 맴돌고
새어드는 추위에 뿌리마저 떨더니만,
네 무슨 힘으로
여리디 여린 가슴 그리 제치고,
네 어디에
눈물 배는 연분홍 그 빛깔 숨겨 두었드냐.

보고 지운 내 사랑이구나.
흘려 보고도 싶은 내 눈물방울이구나.

— 새어드는 봄 기운 — 모과 꽃망울(08.2.27) —

하늘에 점 하나

이른 봄 빈 하늘 공허롭다
아련히 아리어 오는 그리움 같다.

창공을 가로 지르는
외로운 산새
까만 한 점 되어 흐른다.

허공에 흐르는 점 하나
눈망울에 아롱져 스치어 가듯
가슴 아리는 이 내 그리움도
흘러가면 싶더니.
사라지면 싶더니.

아린 가슴 들고 나는
보고지운 얼굴 되어
가슴에 안기는 까만 멍울 한 점.
지독한 그리움으로
새기어 드네.

하늘에 점 하나.
내 마음에 점 하나.

-빈 하늘에 점 하나 (08.3.14)-

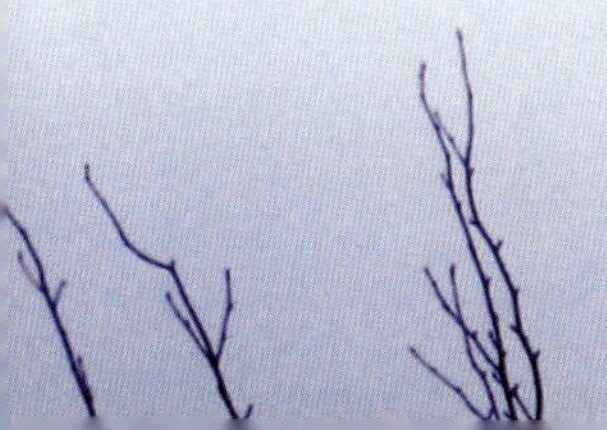

한 알의 꽃망울은

어디 봄이
그냥 오는 봄이 있더냐
어디 꽃이
그냥 피는 꽃이 있더냐

북녘 한풍 마주 안고
기나긴 까만 겨울밤 지새어야
멀어져간 봄 햇살 돌아오듯
엄동설한 얼음장 밑에선
땅 뿌리의 눈물겨운 기다림이 있고
긴긴 겨울날 몰아친 삭풍 속에서
여린 빈가지의 떨림과 울음 있어야
한 알의 꽃망울이 맺히나니.

눈물겨운 희생과
끈질긴 기다림과
갈구하는 절망의 끝에서
한 알의 꽃망울이 맺히나니.

한 알의 꽃망울은
인내의 절정,
기다림의 환희.

한 알의 꽃망울은
소망의 불꽃,
생명의 부활.

- 한 알의 꽃망울은 - 풀또기 (08.3.22) -

새 싹

눈 녹은 산골짝
양지녘 언덕배기
여리고 가냘픈 새싹 실눈을 뜬다.

짓누른 눈 더미
까만 긴긴 밤
헤집고 기다려
묵은 삶 떨쳐내고
솟아 나는 새 생명.

부시시 잠깨어
여리게, 수줍게
살포시 내민 싹
새 생명의 시작

꽃보다 고와라.

-솟아 나는 새 생명-애기앉은부채(08.3.24)-

진달래꽃 酒

들 건너 앞산 낮은 구릉엔
모닥모닥 진달래가 피었습니다.
연분홍 꽃 이파리 봄바람에 한들대며
오는 이 가는 이 맞이합니다.

보리밭 사잇길에 아지랑이 피는 봄날
진달래 꽃 더미 헤집어 가며
꽃 술 빚어 아들 주겠다고
한 잎 한 잎 정성스레 가리어
진달래 꽃 따시던 어머니,
지금은 歸天하여
앞산 자락에 자리 잡았습니다.

진달래가 피었습니다.
만발하였습니다.
어머니 幽宅 앞에도, 뒤에도
모닥모닥 불꽃인양
환하게도 피었습니다.
금년 따라 오지게도 피었습니다.

"어머님! 저희들 모두
어머님 보고파 여기 왔습니다."
"오냐! 고맙다

모두들 잘 있구나.
며늘아기들도 함께 왔구나."

어머니 음성이 들린듯합니다.
잔잔한 미소에 고운 눈망울이
진달래 꽃 속에서 아른거립니다.

산비둘기 울음소리 귓전에 맴돌고, 계곡의 春蘭 香 향기로이
퍼지는데, 오늘따라 진달래 꽃 술 맛이, 서럽도록 그립습니다.

- 진달래꽃 (08. 3.29) -

버들강아지

저 너머 머얼리 다가올 법도 한
한 줄기 봄기운은 상기 아니 오는가
파르르 떨리는 은빛 솜털 꽃망울.

냉기 가득 찬 겨울 하늘 아래
쌓인 눈(雪) 훑고 오는 바람 차갑고
시퍼런 달빛조차 싸늘히 얹혀도
엷고 여린 은 빛 솜털 속에
숨어 크는 새 생명의 꼼지락 거림은
떨며 기다리고, 기다리며 떨고.

봄으로 이어지는 칠흑의 겨울 밤이기에
여명의 햇살에 스러져갈 싸늘한 달빛이기에
밀려오는 외로움일랑 살랑살랑 내 저으고
스쳐가는 바람은 솜털 미소로 안녕! 했다오.

천지에 감도는 봄 내음 기리며
영글어 부푸는 꽃망울만 키운다오.

-생명의 기지개- 버들 강아지 (09.4.3)-

美皇寺 동백꽃

한반도 남녘 남녘땅 끝엔, 바다가 시작되고
西域의 동녘 동녘바다 끝에선, 육지가 시작된다.

땅 끝, 바다 끝, 엉겨 안은 자리
관음봉과 달마봉이 玉屛風 두른 곳에
千年을 삭혀온 침묵의 부처님이
일몰의 햇살 받아 황금 미소를 짓는다.

淸海鎭 파도소리 佛仙峰 병풍 넘어, 고요로 머물고
해거름 고운 햇살 달마봉 품에 안겨,
금빛으로 가라 앉는다.

고요도 숨죽인 美皇寺 동백숲은
금빛 햇살 모두어 꽃을 피었다.
西域 金人의 천년 꿈이 빨갛게 영글어
黃金冠처럼 찬연히 빛나듯
톡 톡 붉게 피어나는 美皇寺 동백꽃.

햇살 풀리어가는 西方淨土 落照엔
수평선 노을 아래로 해가 저문다.
길게 빼는 소[牛] 울음 天上의 가락 따라

너울너울 춤추며 붉은 해 가라앉듯
뚝 뚝 붉게 떨어지는
美皇寺 동백꽃.

美皇寺 동백꽃.

-美皇寺 동백꽃(08.4.6)-

대관령 四月의 잔설

지금도 곳곳에 널브러진
대관령 4월의 殘雪은
매섭게 바람 치는 긴긴 겨울밤에
뿌리 옅은 山野草 품에 안고 감싸며
메마른 朔風에 드러날까 날릴까
애 닳아 마음 졸여
어린 생명 지켜 왔다.

春節에 햇살 나고 봄기운 새어 드니
품에 안은 새 생명 햇볕에 내어 주고
봄바람에 목마를까 4월까지 곁에 남아
뿌리 옅은 새 싹들 목 축여 주면서
엷어지고 녹아내려
사그라져 간다.

대관령 4월의 殘雪에서
철없고 여린 몸 품에 안아 키워 내고
당신은 여위고 왜소해지면서도
들고 나는 자식 行步 평생을 가슴 조이다
지금은 자리 비운
울 엄니 一生을 본다.

- 잔설이 녹아드는 곳엔 야생초 새 싹이 솟고 (08.4.9) -

댓글이나 주고 가소서

무심키 그지없다
오고 가는 벗님네여!
깊은 산중 홀로 있는 山人은
人跡이 하 그리워
오가는 情 허기져
목메어 부르다 지친, 빈 가슴 열고
심심계곡 꽃소식 철따라 흘려 보내건만....

前生에 인연 없는 생면부지 산행꾼도
마주치며 지나갈 때 목례라도 하거늘....
한 달에도 수 삼번 들고나는 거동
왔다 간 낌새는 수 없이 비치는 데
댓글 한 마디, 흔적조차 없이 떠나가는
무정한 벗님네여!
무심한 돌부처여!

외로운 산길 돌무덤에 돌 하나 얹듯이
人跡에 갈증 난 외로운 山人에게
바람 같은 흔적,
댓글이나 주고 가소서.

-목메어 불러 본다. -그리움 (08.4.18)-

동의나물꽃

하늘도 눈 감고
땅도 잠이 들고
白雪에 갇히웠던
긴긴 겨울밤이
어느새 새었나.

몽글몽글 꽃망울
눈 속에 여린 잎과 비벼 솟더니
노오란 네 꽃잎
저리 빛나고
짙푸른 그 초록 잎
生氣 뚝뚝 묻어나네.

활짝 핀 황금 꽃판에
숲 그늘 밀리어 가고
生氣 넘친 푸른 빛에
山川도 눈을 떴다.

황금의 미소!
生命의 일렁임!
아! 이른 봄 동의나물꽃.

–황금빛 맑은 미소 –동의나물꽃 (08.4.29)–

곰배령 꽃멀미

하늘 처음 열리고
山 솟아나는 날
일찍이 점지해 둔
萬象의 꽃 天地.

새소리, 물소리, 숲소리 한데 모아
꽃바람 세차게 흘려보내고
얼레지, 동의나물, 바람꽃 뭉뚱거려
꽃물결 파도로 몰아치누나.

꽃바람에 취하고
꽃물결에 멀미하니
눈을 떠도, 감아도
山 속에서도, 벗어나서도
잊지 못하네
곰배령 꽃향기.

헤어나지 못하네
곰배령 꽃멀미

-萬象의 꽃 天地, 곰배령 꽃동산 (08.5.4)-

귀룽꽃 사랑

雪風이 세차도, 까만 겨울밤이 길어도
하이얀 그리움은 지워지지 않았네.

가슴앓이 내 사랑은
오늘도 울 너머 님 그림자 쫓아가고
진하게 뿌리 내려
눈도 채 녹기 전 이른 봄 부터
雀舌 같은 여린 잎 서둘러 피우네.

연초록 잎새 속에 피어나는 하얀 꽃송이
숨겨진 그리움은 꽃구름 송이 되어
일렁이는 바람결에 가리운 듯 드러나고
드러난 듯 숨어드니
그 님은 이 마음 알꺼나 모를꺼나.

5월의 향기 되어 퍼져가는 귀룽꽃 향 내음
멀리서도 가까이서도 꽃구름 香 일러니
그 님은 이 내음 알꺼나 모를꺼나.

피어나는 꽃구름 빨갛게 영글어
紅寶石으로 빛나는 귀룽을 맺는데
언제나 영글까 나의 사랑은.
귀룽꽃처럼 향기로운 나의 사랑은.

- 내 사랑 귀룽꽃 (08.5.9) -

비갠 오월의 산천

비온 뒤 山川이 맑기도 하구나
파릇파릇 돋아나는
5월의 신록이 곱기도 하구나

씻은 듯이 맑고나
그린 듯이 곱구나
비갠 山川은.

하롱하롱 山벚 지고
아롱다롱 풀 꽃 피고
신록의 꽃바람이 山川을 흔드니
오색 꽃 물결에 이 가슴도 일렁이네.

무엇을 바라랴
무엇을 탐하랴
이토록 고운 山川이 있는데
저리도 이쁜 꽃들이 피는데

비갠 山川 맑은 하늘이
너무 너무 곱구나
눈부시게 맑고나

-비갠 오월의 산천 (08.5.20)-

당개지치

별 빛도 비켜가고
달 빛도 길이 막힌
깊은 계곡
응달진 숲속.

파란하늘 그립다.
스치는 바람조차 그립다.
호젓한 오솔길
저만치 홀로
남몰래 피어낸
보랏빛 연정.

그리움에 멍든
애타는 푸른 마음
잎새에 숨기운 체.

계곡 너머 너머 뻐꾸기 소리
발 아래 도란도란 여울물 소리
스멀스멀 기어드는 밤안개 벗 삼아

남몰래 키웠어라
보랏빛 꽃망울.

살포시 내리 감은
산골 소녀 눈망울.

-별 빛도 비켜가는 외로운 숲 속에 -당개지치 (08.5.27)-

하늘의 꽃

하늘도 꽃을 피운다.
크게 크게 꽃을 피운다.
빨주노초파남보
하늘꽃을 피운다.

반쪽은 산마루에서 하늘로 치솟고
나머지 반쪽은 땅 밑에 잠겼나.

산 마루에서 하늘로
하늘에서 땅속으로 이어지는
홍예문 꽃다리, 무지개 꽃길
7색빛 하늘꽃 타고
천상의 색깔이 땅으로 배어 드네.

예서 제서 솟아나는
형형색색의 온갖 꽃들
칠색 영롱한 무지개 꿈빛일터...
꽃으로 환생하여 다투어 피어 나네.

-하늘의 꽃, 무지개 (08.5.30)-

찔레꽃

동구 밖 모롱이 하얀 찔레꽃
오며 가며 새 순 꺾어 허기진 배 달랬지
내 가슴에 살아있는 하이얀 꽃망울

아지랑이 아른대는
파아란 보리밭 언덕배기
풀밭 길 어깨동무 함께 걸으며
자운영도 찔끔, 솜방망이도 톡톡
훑어 보고, 건드려도 보고
만지고 꺾어, 물어도 보았던
그 어린 손, 고운 눈망울 들
지금은 어디메 하늘아래
잊혀진 얼굴로 이 밤을 맞는가

찔레꽃 앞에 서니
보고 지운 얼굴 되어
하이얀 그림으로
눈 앞에 어른대네
찔레꽃도 파르르
저녁놀에 떨고 있네.

- 내 가슴에 살아있는 하얀 찔레꽃 (08.6.11) -

초로 같은 인생이라는데

풀잎 끝 아침이슬
곱기도 하다.
아침 햇살 받아
영롱도 하다.

草露 같은 우리 삶
저리 고울까.
해 돋는 새 아침에
어제를 돌아보니
어둡고 답답하고
悔恨뿐이네

草露같은
인생이라는 데
모래 위를 스치는
흙바람인가

오늘 아침도
신문과 TV엔
어둡고 탁한
흙먼지만 가득 찼네.

- 草露 같은 우리 삶도 이리 고울까? (08.6.27) -

미모사꽃

바람만 스쳐도
손 끝만 대도
오그려 감추고
온 몸을 조이며
부끄럼에 떨더니만.

발그레 불그레
토해 낸
꽃 한송이
발가 벗은 알몸으로
내 앞에 섰네.

깜찍하고 요망스런
꽃망울로.

홀라당 넋을 잃고
그 안에 빠져 드네
숨 죽이고
눈을 감고서.

대명천지도
고요 속에
잠기어 드네.

– 미모사꽃 (08.7.2) –

풀 사랑

잡초라 부른다.
이름도 몰랐다.
그저 풀이라 불렀다.
있었는지 없었는지
어디에서 보았는지
기억조차 없다.

띄인다.
이름을 알고 나니.
전에는 본 기억도 안 났는 데.

반갑다.
어디에서 봐도.
아! 너 거기 있구나.
너도 너도 또 너도...

클로버, 질경이, 바래기, 강아지풀...
이름을 불러본다
나에게 다가온다.
소중한 그 무엇이 된다.
가슴에 남는다.

이름을 떠 올릴 때마다
해말간 꽃망울이
눈에 어린다.
싱그러운 향기가
온 몸에 스민다.

이름을 불러보니
가슴에 남는구나.
사랑이 오는구나.
아! 사랑은 받는 게 아니구나.
주는 거구나.

-더불어 사는 야생초 (08.7.8)-

달맞이꽃

서산에 해 이울고
어슴푸레 산 그늘
짙어가는 산 계곡.

닫힌 가슴 풀어 헤친
엷다란 꽃잎의 달맞이꽃
활짝 열린 꽃 입술에
서녘하늘 초승달이
언뜻 눈길만 주고 가네.

기다림이 피어 낸 노란 꽃이파리
그리움은 상기 아니 가시고
파르르 떨리는 얇은 꽃 입술에
못 다한 말은 넘쳐 나는데
오지나 말지
그리 쉽게 떠날 것을.

큰 山의 깊은 밤 숨소리
커져만 가고
애달픈 소쩍새는
울어울어 밤새 목이 메는데
홀로이 아쉬움 어찌 삭히라고.
긴긴 밤 그리움 어떡하라고.

-긴긴 밤 그리움-달맞이꽃 (08.7.18)-

7월의 노고단에는

雲海로 감싸인
7월의 노고단에는
비밀한 숨결이
바람 따라 흐른다.

지리산이 숨을 쉰다.
큰 山의 숨결이
생명을 키운다.
들숨에 생명이 눈 뜨고
날숨에 野草가 피어난다.

天地간의 비밀한 속삭임은
밤새 하나씩
꽃으로 태어 난다.

원추리가 피어나고
터리풀이 피어나고
기린초가 피어난다.

7월의 노고단에는
野草가 자란다.
생명이 자란다.

- 雲海로 감싸인 7월의 노고단 (08.7.16) -

새벽에 우는 뻐꾸기

희끄연 동녘
샛별은 숨어 들고
앞산 어룽진 윤곽은
다가 오는 데

이른 새벽부터
뻐꾸기 소리
왜 저리 이 산 저 산
골골이 울며 헤매나

깜깜한 긴 밤
뒤척이다 밤 새운
내 마음 이련가.

한 낮의 네 울음
한가로이 들리던 데
새벽에 우는 소리
애가 타는 구나

우는 건 뻐꾸기인데
이다지 애 닳는 건
어찌하여 내 가슴이냐.

뻐억-꾹
뻐억-꾹
가슴이 저린다.

-앞 산 새벽의 산 빛 (08.7.29)-

남한산성에 오르니

솔밭길 사이 따라 능선길 오르니
장대하게 버티어 서 있는 남한산성
발 아래 멀리 한강을 굽어보니
송곳 새도 없이 꽉 들어찬
가가호호, 건물, 회색빛 자동차길...
남한산성은 이들에
야금야금 에어 싸이는구나.

집, 건물, 도로들 회색빛에 둘러싸여
외로운 섬이 되어 가는 남한산성.
400년 전 湖軍에 포위된
山城의 절박함이 이러했을까.

엄동설한 백설의 벌판에서
湖軍 앞에 무릎 꿇고
절치통분 했을 그날의 비통에
心亂한 애통감이 치밀어 오르는 데
산바람 타고 온 솔향과
솔나무 사이사이 건너뛰는 다람쥐 행보가
그나마 맺힌 가슴 삭히어 주는 구나.
아! 남한산성.

-남한산성에 오르니-담쟁이 덩굴 (08.8.3)-

꽃과 함께 꽃이 되네

먼 산
산마루
흰구름꽃 피어 나고
발 밑
산야엔
온갖 야초 꽃 피우네.

흰구름도
산야초도
석양빛 받아
눈부시게 빛나네.

하늘 아래
땅 위
그 새 중간의 이 몸도
노을빛에 물드니
꽃과 함께 꽃이 되네.

- 흰구름 꽃 피어나는 산마루 (08.8.8) -

아름답고 말고

아름답지
아름답고 말고
하! 아름답구나
이보다 더
아름다운 것을 보았느뇨.

세월이 흐를수록
보면 볼수록
언제 봐도
항상 아름다운 것은
언제라도
항시 보고파 지는 것은
오직 당신뿐.

그대
大自然이여.

-아름다운 산천-대관령 (08.8.21)-

뚱딴지꽃

있는 그대로의
이 모습,
면면히 이어온
그 삶대로
오늘을 산다.

愛隣에 물 드랴.
豪奢를 탐하랴.
뚱딴지 같은 이들이
뚱딴지라 이름 붙여
뚱딴지라고 불러도
아랑곳하지 않는다.

흐르는 바람, 쏟아지는 햇살
휘몰아치는 비바람도 즐기며
해맑은 꽃망울 추스를 뿐이다.

싱그러운 자연 더불어
일생의 한 조각, 오늘 하루가
축복이고, 은혜이며
삶의 모두라서
그저 오늘에 충실할 뿐이다.

- 뚱딴지꽃 (08.8.27) -

산앵두

백옥같이 맑고 고운
하얀 꽃망울
행여 눈에 띌세라
아래 아래로 고개 숙여
꽃 피우더니만

그리움에 지쳤나
기다림에 애탔나
호젓한 숲 그늘에
타 오르는 붉은 마음
남 몰래 붉었어라
진하게도 붉었어라.

수줍음 어디 가고
열정만 영글었나
도톰한 붉은 입술
하늘 쳐들고
맨 가슴 드러 내어
가을하늘 끌어 안네.

- 산앵두 (08.9.6) -

대관령 四季(1)

하늘 열려
바람 흐르니
仙子嶺이 곱고

계곡 깊어
물길 흐르니
松川 또한 아름답다.

봄 날 새 움의 그리움
비, 바람, 햇볕 속의 기다림
꽃과 벌, 나비의 만남이
열매 영글어 쌓아두는 행복을 낳고.

悠久한 그 옛적부터
오늘, 내일, 먼 후일도
山川 고운 대관령 四季에
이어지는 기쁨.

그리움,
기다림,
만남,
그리고 행복이어라.

- 대관령 4계 (1) (08.9.10) -

이 가을엔

사랑을 할 거야
이 가을엔.
텅 빈 가을 하늘처럼
메마른 내 가슴에
사랑을 채울거야.

저무는 꽃잎도,
뒹구는 낙엽도,
아픈 추억도,
가슴앓이 그리움도
사랑으로 맞이할거야.

사랑이 괴로운 것일지라도
피하지 않을거야
고통을 모른다면
기쁨인들 알랴.

고통 속에서도 쉴 수 있는
허허로운 마음으로
이 가을엔
이 가을엔
사랑을 할 거야.

-사랑을 할거야, 이 가을엔-흰진범 (08.9.19)-

대관령 四季(2)

수 억년을 묵묵히 지켜 온 약속
山은 강을 건너지 않고
江은 산을 넘지 않는다.

잎새 나면 꽃이 피고
열매 지면 떠나니
해와 달, 바람과 野草,
벌, 나비, 멧짐승은
그 흐름 그대로
수 억년을 이어왔다.

바람결 부드럽고
산에 푸른 빛 살아나니
천지에 완연한 봄기운에
妖花芳草 다투어 피어나고

푸른 산 깊은 계곡에
초록빛 넘쳐 넘쳐
맑은 물로 배어나니
松川의 물빛에
달도 별도 잠긴다.

온 산에 가을 빛
바람 따라 흘러드니
푸른 하늘, 붉은 단풍이
다툰 듯이 선명하고,

펼쳐지는 백설의 雪原은
겨루어 온 삶의 흔적을
없었던 듯 덮어주니
새 시작은 한결같다.

시작도 끝도
있는 듯 없는 듯
수 억년 묵묵히 지켜 온 약속
한결같은 輪回 轉生을
대관령 四季는
오늘도 이어 간다.
산은 강을 건너지 않고
강은 산을 넘지 않으며.

- 대관령4계(2) (08.9.30) -

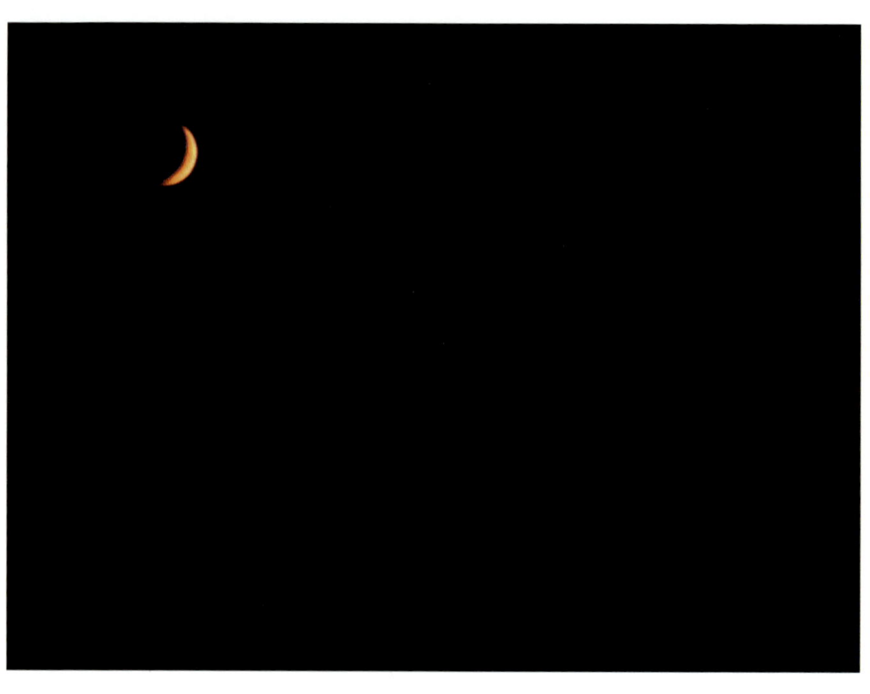

어두움과 밝음처럼 함께

가을 햇볕 속에
푸르른 산야가
서러움에 빨갛게 물들어간다.

밀려오는 단풍 쓰나미에
홀로 푸른 山野가 있드냐.
苦海의 인간사에
어찌 홀로 고통을 피한다고
이 세상 소풍길을 마감하나.

푸르름이 없었다면
단풍인들 고우랴
고통을 몰랐다면
기쁨인들 아랴.

고통 속에 있더라도
그 안에서도 쉴 수 있는
여유로움을 주소서
괴로움에 짓눌리지 않고
함께 하게 하소서.

푸르른 나뭇잎도
붉어가는 단풍처럼
아름답게 하소서.

흐르는 일상에서
찾아드는 괴로움에
떠밀리지 않고
어두움과 밝음처럼
함께 하게 하소서.

- 어두움과 밝음처럼 함께 (08.10.3) -

단풍 숲을 거닐어 보자

내 사랑하는 사람아!
단풍 숲을 거닐어 보자.
너와 나의 삶의 빛깔이 얼마나 진했는지
단풍과 견주어 보자.

기쁨과 슬픔이
씨실과 날실 되어
오색 찬연하겠지.

아픔과 환희가
함께 어울어져
무지개 빛으로 빛나겠지.

남은 우리네 삶은
어떤 빛으로 남길까?
들꽃은 바람에 몸을 맡겼고,
낙엽은 계곡수에 몸을 맡기는구나.

우리는 우리는
청산에 몸을 맡겨,
밝고 따뜻하게 감사하며 살자꾸나.

붉은 빛이 되자꾸나.

- 단풍 숲을 거닐어 보자(08.10.8) -

우린 이렇게 살자꾸나

하늘을 보면 언제나 높고
山을 보면 항상 제 자리다.
초목은 매년 꽃 피고 지고
황홀한 단풍은 되풀이 된다.

보기엔 恒常이고 되풀이 같지만
보이지 않게 物象은 흐르고 변한다.
이 속에 뵈는 것만이 모두인 양
겉모습 속에 오늘을 산다.
단풍의 처절한 생의 이별을
몸서리치도록 황홀해 하면서.

들꽃이 이고 있는 높은 하늘에
핸드폰, TV, 무선電波가 어지러이 흘러도
하늘은 맑고 텅 비어 보이고
山 속의 뭇 생명은 生死를 걸고 오늘을 살지만
山은 그 자리에 고요해 보이고
매년 피고 지는 꽃은 의연해 보이지만
찬연히 사라져가는 단풍의 핏빛 설움이 있고
凍土의 겨울에도 끝없는 몸부림이 있구나.

어디 보인다고 다 그대로이며
어찌 안 보인다고 없다 할쏘냐마는
보이는 것도 다 못 헤아림이여!

보이면 보인대로
안 보이면 안 보인대로
절로절로 그렇게 살고 지고,
우린 이렇게 살자꾸나

-생의 이별 - 단풍 (08.10.8)-

자연 序詩

함께 살아 간다
모두 다 함께 사는 거다
조용조용 오붓하게 살아간다.

토끼, 고라니, 오소리, 멧돼지 등
들 짐승만이 사는 게 아니다.
여치, 메뚜기, 잠자리, 나비도 산다.
미꾸리, 송사리, 피라미, 올챙이도
뱁새, 멧새, 까치, 조롱이도
자연 속에 함께 살아가는 거다.

함께 쓰는 자연이지만
아끼고, 나누고, 필요를 넘지 않고
아등바등 쌓아 두지 않는다.
있으면 있는 대로, 없으면 없는 대로
함께 살아 간다.
평화와 공존이 지속되는 이유이다.

밝은 햇볕, 맑은 공기,
깨끗한 물이 한결 같도록.
떠날 때 떠날 줄 알고
사라질 때엔 흔적조차 지운다.

내어 주고, 비켜 가고, 비우고
그래서 자연은 아름답구나.
그래서 산천이 한결 같구나.

-자연 序詩 (08.10.20)-

바람따라 낙엽따라 -대관령을 떠나며-

입 맛 들자 쌀 떨어지고
日本語 깨우치자 해방이란다.
情들자 이별이고
단풍들어 낙엽 지니 떠나야 한단다.
바람 따라 낙엽 따라 떠나야 한다

머무르면 아쉬움 크고
떠나가면 그리움 남는가?
애환 속에 함께 했던
대관령의 그 오솔길, 그 꽃, 그 숲들.
이제 떠나야 할 시간
영원일 듯 쏟은 熱情
지내보니 순간일러라.

이 애틋함, 쌓인 인연
하루, 이틀, 일년, 이년 지나고
희미한 기억마저 아른거리면
그 언제 상기하랴.
밤하늘에 달 가듯
창공에 기러기 날듯
흔적조차 없어지는 것을.

내 다시 찾아 오마
마음 다짐한 들
기다려 줄리 없고
다시 올리 없는 이 시간
이대로 이대로

흐르다 지워지리.
그 동안 얽히고 쌓였던 情들.

먼 훗날 어느 때
다시 와 여기 선다 해도
지금의 모든 것은 사라지고
맞이한 것은 새로운 것일 터인데.
그리하여 시작도 새로울 터인데.

내 너를 가슴에 안고 잊지 않으리
떠난 듯 도셔 오리야마는
빈 마음으로 왔다가
많이도 담아 가는 데도
왜 이다지 마음이 허전하나.

채우고 채워도 모자람이 커져 가는
그 묘한 것이 情이라는 거구나
있을 때엔 떠나고 싶고
떠나야 할 땐 머물고 싶은
그 묘한 것이 情이라는 거구나

내 너를 찾아 오마
잊지 않고 돌아 오마
떠난 듯 도셔 오리야마는
담긴 情이 진한데
내 어찌 쉽게 털어 낼소냐.
그 질기고 묘한 情이라는 것을.

-바람따라 낙엽따라 (08.10.24)-

드림파크 억새밭

서해바다 낙조의 붉은 빛살이
드림파크 억새밭에
쉬어갈 양 자리 잡고 내려앉는다.

짙어가는 해거름에
사방은 고요히 빛을 삼킨다.
억새 숲 둥지로 몸을 숨기는
물새의 날개 짓이 여유롭고
갈대숲을 거니는
연인들의 실루엣이
정답기 그지없다.

석양에 반짝이는 억새의 물결이
파도의 흰 거품처럼
널따란 벌판에 출렁인다.
사각대는 억새의 가을 노래 흐르고
그윽한 국화 향이 그 뒤를 따른다.

둥지 찾는 물새의 평화가 있고
연인들의 사랑이 익어가는 곳
석양빛, 억새 물결, 바람소리
드림파크 억새밭엔
하얀 꿈이 일렁인다.
고요와 평화가 흐른다.

-드림파크 억새밭 (08.10.11)-

단풍 너울

초록빛 출렁이는 秀麗한 風光에
한 점 두 점 붉은 빛이 어리더니
붉게 타는 석양하늘 노을빛 땡겨 왔나
붉은 빛물살 홀연히 다가와
단풍 너울이 산천을 뒤 덮는다.

산 골골, 우거진 숲 새 가리지 않고
천자만홍의 단풍너울이
뒤 휘젓고, 흔들어 놓고
푸른 계곡수와 바위마저

붉게 붉게 덮치더니
한 줄기 바람 따라
어느새 지나갔네.

산천의 虛勢가 휩쓸려 나가고
찬바람에 초목이 맨몸을 드러낼 때
황홀한 단풍너울에 넋을 앗긴
내 혼의 流浪도 연례행사 멈추고
그때서야 다시 제자리에 선다.

- 단풍너울 (08.10.29) -

핏빛 진한 단풍 되어

山도 가을이면
매년 홍역을 앓는다.

있음과 사라짐,
남음과 떠남의
애타는 가슴이
단내 나는 갈증과
앓는 몸살 되어
온통 열기에 휩싸인다.
내 없이 타오르는 불꽃이 된다.

함께 했던 열정이
이별 앞 둔 아쉬움이
저리도 붉고
진하더란 말이냐.

붉게 물든 산야가
붉은 화염 속에
떨고 있구나.

핏빛 진한
단풍 되어.

-핏 빛진한 단풍 (08.11.9)-

단풍길 行路

흐르는 세월 따라 사계절 오고 가듯
앞서 간 이 발 길 따라 뒤만 좇다 보니
어느새 가을 되어 단풍길에 들어섰네.

연초록 푸른 잎 방긋방긋 돋아 날 때
어느 참에 꽃 피나 기다림도 멀던데
열매 맺혀 낙엽 되니 지는 잎 새 성급구나.

길 초입 들어서니 아득도 하더라만
이리 걷고 저리 뛰고 숨차게 걸어 온 길
낙엽 깔린 출구 끝이 눈 앞이니 허망쿠나.

- 단풍길 행로 (08.11.15) -

아! 바람이여, 너는 누구냐?

한 가닥 빛살 흐름에
새어 드는 바람 한 줄기.
그 속에 山川이 자라고 天地간의 만물이 큰다.

바람이 분다. 바람이 잔다.
맑게 개인 빈 하늘, 텅 빈 초원 위를
그림자도 없이 홀로 내 닫는다.

초목이 싹트고 꽃피고 풀들이 눕는다.
산천이 울고, 산천이 잠든다.

세상 끝 간 데를 돌고 돌아
천년을 두고두고 불어온 그 바람이다.
생명을 키우고 생명을 앗아갔던 그 바람이다.

그 바람은 변함이 없었다.
천지간의 만물이 바람 따라 스스로 크고
저 홀로 변했을 뿐이다.

신비다. 자연이다.
산에 부는 바람, 내 마음에 이는 바람
세상을 휩쓰는 바람.
꽃바람도, 눈바람도, 봄바람도 모두가 바람이다.

세상은 바람이다. 바람 따라 흐른다.
바람 따라 왔다가 바람 타고 간다.
우리네 삶도 바로 한줄기 바람일 뿐이다.
아! 바람이여 너는 누구냐?

-아! 바람이여 -백두대간 (08.11.26)-

호수를 밟는 바람

겨울 하늘 하얀 눈썹달이
호수에 빠졌다.
눈 시리게 하늘만 쳐다 보다가
호수는 달을 품에 안았다.

먼 산 그림자도
물결 위에 아름아름
어룽지며 우쭐거리고
능수버들 휘어진 가지가
물그림자와 어우러져 얼싸춤을 춰 준다.

구름도 별빛도 함께 있고파
고요인 듯 침묵인 듯
호면에 하얗게 내려앉는 데
한줄기 시샘 바람이
질경 질경
호수를 밟고 달린다.

수면에 눈썹달은 이즈러지고
호수는 일렁이며 애가 닳는 데
그 놈의 바람은
호수에 빠지지도 않는다.

- 예당저수지(08.12.3) -

碑峰에 새긴 뜻은

산새도 차마 바로 넘지 못하고
흐르는 바람도 한번 더
휘돌아 흘러 가는 碑峰에
남기신 님의 뜻은 무엇인가요?

한강수 굽어보고 삼각산 쳐다보며
蒼茫한 대해로, 무한한 벌판으로
뻗치는 雄志와 愛民의 뜻을
하늘 우러러 비봉에 새긴 것입니까?

천년의 세월이 흐르고
더하여 반 천년이 또 흘렀습니다.
천년의 천년이 다시 흐른다 해도
지워질 수 없는 그 꿈, 그 사랑은
세월의 무게에 눌려 돌이 되었습니다.

천오백년을 이어온 깊은 침묵이지만
오늘도 바람은 말없이 비봉을 스치고
하이얀 눈발이 휘감고 돕니다.
밤하늘의 별빛 한 줄기도 그 위에 멈춥니다.

-비봉에 새긴 뜻은(08.12.7)-

물안개 피는 강변의 수채화

해거름 빛이 녹아내려
어둠이 되고
강은 어둠에 빨려든다.

하루 종일 꿈쩍 않고
하늘 받쳐 서 있던
강 건너 큰 산과 나무가
어둠에 묻힌 강물에 안기어
밤을 새운다.

하늘, 강, 어둠의 만남은
천지에 새 기운을 빚어 낸다.

물오리 한 쌍의 새벽 물이랑이
잔잔한 水面의 고요를 휘젓고,
꿈길에서 물결 따라 아른거리는
큰 산과 나무의 그르메를
흔들어 깨운다.

물안개 피어나는 여명의 강변에는
새 기운이 강물 따라 넘쳐 흐르고
왁자지껄 새 아침이 밀려 온다.

-물안개 피는 강변 (08.12.14)-

그리움

오늘도 기다린다.
늘상 그리운 사람.

마른 나뭇가지 끝에 스치는
바람 같은 허전함.
외로움조차 느끼지 못 하는
진한 외로움 속에.

윙윙대는 찬바람 속에서도
이 가슴 녹여주는 그리움이기에.

띄어나 볼까?
그 이는 알까?
이 마음을.

모르면 어때
슬픈 그리움.

오늘도 빈 허공에
떠도는 눈송이처럼
띄어나 본다.
나의 그리움을.

- 그리움 (08.12.28) -

내 언제 주는 기쁨을 아랴

기축년 새 아침
떠오르는 태양을 보고
푸근하고 아늑한
자연을 보니
그저 주기만 하시던
내 어머니를 다시 보는 것 같습니다.

시간 없다 재촉하며
갈 길 서두는
서울 사는 출세한 자식 붙잡고
빈한한 시골살림에
줄게 무어 있다고
앞마당 뒷마당 빙빙 돌며
두리번 거리시던 우리 어머니.

시레기 꾸러미,
고구마 서너 뿌리,
푸성귀 한 움큼,
그저 그저 안겨주며
이 빠진 볼에 웃음 주름
가득 채우시던 어머니.

받는 자식은
절절한 그 사랑에 목이 메이고
돌아오는 서울 길 내내
설움 아닌 눈물을 흘렸더랍니다.

세상 만물이 쉬고 먹도록
빛과 에너지, 삶터와 모든 것
그저 주기만 하는 태양과 자연을 보며
없어도, 하찮아도, 싫다 해도
그저 그저 주기만 하시던
어머니의 기쁨을
이제야 겨우 알 것 같습니다.
태양과 자연을 보며
이제야 쬐끔 알 것 같습니다.

-내 언제 주는 기쁨을 아랴(09.1.1)-

눈 덮힌 숲길

흐르는 세월이 머무는 곳에
아름드리 長松이 자리를 지킨다.
세월 앉은 숲 속에 눈은 내려내려
차곡차곡 세월의 그림자를 덮는다.

세월의 흔적은 가리울지라도
말없는 기다림은 더해만 가니
삭히운 그리움은
속살로 파고드는 나이테 되어
가슴 속에 쌓여만 가는가.

뽀드득 뽀드득 눈 밟는 소리에
푸드-득 날개짓 치며 솔가지 박차고
산비둘기 공중에 솟는다.
하얀 눈 알갱이
보석되어 반짝이며
햇살 속에 흐른다.

내 가슴에 쌓인 진한 그리움은
언제 퍼득여 날려 볼 날 있을거나.
세월 내리 앉은 눈 덮힌 숲길에
고요 서린 悠長한 숲 속에.

묵히운 내 마음 속
날개짓 퍼득이면
내 가슴의 그리움은
시뻘겋게 줄기줄기
빛살 되어 흐르리라.

하얗게 서리서리
강되어 흐르리라.

-눈 덮힌 숲길(09.1.17)-

가슴앓이 그리움, 雲亭은 無常터라

꿈엔들 잊으랴.
가슴앓이 그리움.
평생을 품고 사는
내 가슴 속 雲亭 마을.

해 돋는 山능선 그림자가
꿈길처럼 들판을 내 달리고
새벽이면 피어나는 밥 짓는 가는 煙氣
흰 비단자락 雲霧 되어 들고 나는 곳.

흰 눈 나리는 겨울밤엔 은은한 솔바람 소리,
달 밝은 가을밤엔 사각대는 댓잎의 노래.

모두가 생각수록 새록새록 살아나는 데
올 적마다 볼 적마다
눈앞에 알짱거리는 건 낯선 風景뿐이고
속앓이 그리움, 그 情景은
가슴에만 맴돌고 보이지 않네.

귀 기울이면 들릴까?
눈 감으면 보일까?

바래지지도 않고, 잊지도 못하는
가슴에 박히운 고향 연정은
깨어진 사금파리 조각 되어
오늘도 사브작 사브작
피 나게 가슴을 갉아 대니
아픈 그리움에 겨워 내 또 찾아 온다네.

찾아 온 雲亭은 올 적마다 無常한데
내 가슴에 새겨진 고향은
어찌 하여 恒常 그대로인가.

-가슴앓이그리움. 내 고향 운정!(09.1.27)-

겨울눈[冬芽]의 기도

석별의 아픔에 눈물이 배어
무겁게 흔들리며 가라앉던 잎 새들.
겨울 허공에 홀로 남은 겨울눈(冬芽)
그것은 선택이 아닌 숙명의 결별이었기에
벌거숭이 裸木은 밤새 울었다.
지나가는 바람이 함께 울어 주었다.

裸木끝 빈 가지의 애련한 겨울눈은
먹 하늘 별빛 속 막막한 허공에
一心의 합장이라 두 손 모아 기도했다.
스치는 새벽 바람에 맨 가슴 드러나도
生의 精靈 머무소서!
푸른 잎, 고운 꽃 임하소서!
갸날픈 눈망울 시린 줄도 모르고
하늘 우러러 밤새워 기도했다.

새벽하늘 그믐달도 연민에 떨며
여린 싹 애잔하여 곁에 두고 밤 새우니
새벽빛에 이울어 허공에 스러졌다.

-겨울눈 - 마로니에 (09.2.8)-

춘심春心몸살

그대는
듣나요
봄이 오는 소리를.

밤새 솔 잎 사이로
바람만, 바람만 내 달리더니
까만 허공에
흰 눈만, 흰 눈만 어지러이 날더니.

아! 글쎄
바람 치는 들판에 연초록 새싹이
어느새 보송보송 피어나네요.

어이 하나요!
사그라진 듯 잦아진
사그라진 듯 잦아진
그대 향한 그리움도
하얗게 도져 나는 걸.

그대여!
이 봄도 춘심春心 몸살을
나만 앓게 할랑가요

- 春心 몸살 - 구절초 새 싹 (09.2.21) -

사랑의 봄 편지

펑펑 쏟아지는 봄 햇살.
사랑은 그렇게 쏟아져 내렸다.
허허로운 들판
가르마 같은 논둑길에

가파른 산허리
척박한 너덜겅에도.

차갑고 세차게
파고드는 설한풍에
겹겹이 싸매고 움추려 감추더니만,
내리 쏟는 햇살 아래
꽃망울이 열리고
노란 속살 꽃잎도
빼꼼히 드러내 보인다.

따뜻한 사랑의 봄 편지
"여러분! 서로 사랑하세요"
이봄엔, 들녘에도 너덜겅에도
메마른 우리들 마음에도
넘쳐나는 사랑 속에
꽃피고 속 열리는
그런 세상이 왔음 좋겠다.

-사랑의 봄 편지 -생강나무(09.3.1)-

능수버들 그대

그대는 능수버들
나는 오늘도 버들을 기린다.

휘영청 흐드러진 고운 자태
황록으로 번져가는 비단결 실가지는
내 가슴에 어리는 그대 고운 모습.

춘풍에 쉬임 없이 실가지 흔들려도
되돌아 다시 서면 처음 그 자리니
한마음 곧은 心志 그대 진심이어라.

보고도 보고픔은 허공처럼 끝없으니
못다 채운 그리움은 빈 하늘 맴돌고
허공에 드리운 내 그리움의 가지들은
세월 두고두고 늙어만 가는구려.

-능수버들 그대 (09.3.8) -

춘란春蘭

솔바람 스쳐가는 호젓한 숲 그늘에
청초한 기품은 영글어 휘어 뻗고
내리 앉는 솔 향기 홀로 간직했어라

밭자락에 가득한 메(山) 너머 봄 내음
산허리 휘어감는 아지랑이 숨결에
부풀린 봉오리 몰래 몰래 터뜨리네

동녘하늘 한 줄기 빛살 그린 설렘인가
가린 듯 내비치는 연초록 꽃살이여!
스치는 듯 사로잡는 아련한 꽃향이여!

- 춘란(09.3.17) -

섬진강변 매화꽃

섬진강 흘러 흘러 물길 오백리
오는 봄 가는 봄 수많은 세월이
굽이굽이 물길 따라 흘러가듯이
꽃잎도 낙엽도, 만남도 헤어짐도
강물 따라 사연 따라 흘러가는 것이려니

비안개에 젖어서, 매화향에 혹해서
섬진강변 매화꽃 아래 스친 만남
빈 가슴에 번지는 꽃물결이었던가
강물처럼 흘러간 매화밭 인연은.

봄비가 봄비가 밤새 내리더니
하얀 꽃이파리 강물 위를 서성대고
훌쩍 철새 떠난 빈가지 흔들림 마냥
까닭 모를 그리움이 가슴에 밀려드네.

섬진강변에 출렁이는 매화밭 꽃바람
내 맘에 일렁이는 지랄 같은 봄바람
행여 그 이도 생각이나 할까
섬진강변의 매화꽃을.

-섬진강변 매화꽃(09.3.21)-

동강할미꽃

묵혀둔 그리움이 토해낸
동강할미꽃.
뺑대에 매단 애절한 一寸 단심은
긴 긴 세월 님 그린
천년 바위 사랑이었네.

가없이 커가는 긴 세월 그리움
목 빼는 기다림에 꽃망울만 부푸니
강물도 차마두고 떠나지 못해
굽이굽이 나리소를 휘감고 맴도네.

하늘 우러러 빌고 또 빌어
모질고 무딘 천년바위 가슴팍에
싹 틔운 흐노니 사랑인데
기다림의 세월이 하 길어서
꽃은 이미 할미가 되었네.

푸른 동강에 띄어라.
붉고 절절한 긴 세월 그리움.
아우라지 뗏목처럼 꽁꽁 엮어
한 점 낙엽처럼 어라연에 띄어라.
점점이 바위 위에 토해 내는
붉은 사랑, 흐노니 사랑
아! 동강할미꽃.

-뼝대에 매 단 흐노니 사랑 -동강할미꽃(09.3.26)-

삼천포항 포장마차

저 멀리 수평선 끝엔
하늘과 바다가 맞닿고
여기 포장마차 소주잔 끝엔
우리 마음이 맞닿는다

커다란 남해바다를
잔 안에 가두고
우리는 바다를 마신다.

南一臺 코끼리는
삼천포항 바닷물을
천년 두고 마시는데
가슴 열어 제낀 우리는
포장마차 아줌마의
농익은 정담에 미소가 고와
정겨운 마음으로 잔을 채우고
원샷으로 날린다.

천년 전 파도가 오늘도
코끼리의 南國 향수를 어루만지듯
그 날 밤의 추억은 아직도
지나 온 뜨내기들 가슴을 흔든다.
우리 어찌 잊을쏜가
삼천포항 포장마차를.

-삼천포항 南一臺 (09.4.4)-

칭다오[靑島]의 아침

수천년을 그러했듯
오늘도
山東반도 땅끝 위로
솟아나는 태양이
어둠을 사르며
광야를 밝힌다.

동해바다 靑氣가
광활한 靑島 벌판 끝까지
아스라이 퍼져간다.

잠을 깬 봄 꿩의
새벽 울음이
초목의 새 순을 재촉하고
되살아난 大地의 숨결에
강산이 술렁인다.

끝도 없이 펼쳐지는
아득한 땅 끝.
오늘도 찬란한 태양은
지평을 달구고
바람처럼 흘러와서
구름처럼 사라져 갈
뭇 생명을 일깨운다.

바람인양 구름인양
흘러 갈
미약한 한 점 이 몸도
사방의 지평선에 둘러싸여
하루 시작의 숨결을 고른다.

- 칭다오[靑島]의 아침(09.418) -

생명의 빛, 부활

메마른 노목(老木) 둥치에
솟아나는 연초록 새 움
생명의 빛이요 부활이다.

긴 세월 나이테가
켜켜이 쌓여도
비움의 연속이었기에
새 생명이 들어설 자리는
항시 비어 있었다

버려야 했고
떠나 보내야 했다.
채울 수 없는 욕심이었기에
남은 그리움마저도
겨우내 소리 내어 윙윙 울며,
찬서리 칼바람에
실어 보냈다.

울어 지친 빈 가슴은
태초의 공허였다.
희미한 빛살 새어 들고
천지간의 미미한 온기에도
뜨겁게 달아오를
허허로운 순백(純白)이었다.
거칠고 메마른 검은 노목에
움터 나오는 새 생명
부활의 빛이요
또 다른 비움의 시작이다.

- 생명의 빛, 부활 (09.4.26) -

인적 없는 깊은 산
바람, 새, 물소리도
고요 속에 묻히운다.

하늘엔 흰 구름 둥실
흐르는 듯 멈춰 서고
산여울엔 하얀 꽃이파리
아니 가고 맴돈다.

헤아림 모를 세월 흘러
그리움이 상처 되어
드러난 바위 틈 새
동의나물 뿌리내려
황금 미소 피어낸다.

천년바위 굳은 속내
길어 올린 꽃 피움
뉠 향한 미소인가
바람인들 알리요.

- 바위 위 동의나물 (09.5.1) -

민재봉 산철쭉

바다 건너 찾아오는
맨 처음 꽃바람이
민재봉에 머무나니
점점이 솟아나는

붉은 산철쭉
천년 두고 변치 않는
가슴앓이 사랑이라.

해마다 봄이 되면
홍역의 발진처럼 돋아나는
빨간 가슴앓이
이제 그만 멈춰도 좋으련만.

가슴에 타는 불꽃
아스라이 이어지는
다도해에 띄우고
그리움의 목마름은
꽃피워 날리리라.
보고픈 그리움을
臥龍에 묻으리라.
언젠가 깨어나
飛龍이 되는 날
그 순간을 기다리며.

- 민재봉 산철쭉(09.5.9) -

생生은 아름답다

생生은 아름답다.
모진 삶이 있기에
비로소 살아 있음을 느낀다.

생은 아름답다.
기다릴 줄 알기에
절벽 끝 새 생명도 싹을 틔운다

바위 틈 새에 피는 꽃이
더욱 아름답다.
모진 삶과 기다림이 있었기에.

어찌 생명이 없고서야
연약한 뿌리 끝에 받히는 바위를
처절한 몸부림으로 헤집어 파고 들고
삭풍이 몰아치는 절벽 끝 난간에서
결코 손을 놓지 않고 버틸 수 있겠는가.

지켜온 생명,
이어 온 생명이 있기에
산은 오늘도 푸르고
푸르름 위에 꽃이 핀다.

청산은 아름답다.
내일이 있다.
모진 삶의 숨결이 흐르기에.

- 생은 아름다운 것이다 (09. 5.24) -

물솜방망이 꽃

긴 세월 그리움이
강물 따라 밀려 온다.

오색 무지개빛 되어
메마른 가슴을
불현듯 휘저어 놓는다.

붉고 진한 사랑도
까아만 아픔도

모두 흘러가고
노오란 그리움만
꽃덩어리로 피어 오른다.

강물처럼 촉촉히 젖어드는
지난 세월 그리움.
흰구름에 실을까.
강물에 띄울까.
강둑에 물솜방망이 꽃처럼
노란 꽃 장승이나 될까.

-긴 세월 그리움 - 물솜방망이꽃(09.6.5) -

대나무 숲 길에서

황홀한 석양빛 내려 앉는
대나무 숲길에서는
한줄기 맑은 바람도 잠시
대나무 숲에 머문다.

대나무 사이사이
맑은 향은 고이고
그늘진 숲길 저쪽에서
사각대는 댓잎 소리 따라
나타나는 그리운 님 들.

소매 짧은 저고리에
새 참 함지박 이고 가는
가냘픈 허리의 이웃 집 누님
이마에 땀 훔치며
가쁜 숨으로 굴렁쇠 굴리던
뒷 집의 석이
귀여운 손자 녀석 손에 이끌려
패인 볼에 맑은 웃음 그득한
등 굽은 할머니도……

산사의 풍경소리도 흐르다 말고
구구대던 산비둘기 짝 찾는 소리도
대나무 숲에 잠기어 도는데,
아! 꿈길로 접어 든
대나무 숲길에서
나는 나는 오늘 어찌할거나.
- 대나무 숲 길에서(09.6.7) -

남한산성벽의 기린초

숲속 오솔길 사이사이
산행인의 행보는 분주하고

성벽의 기린초는
해마다 노랗게 피어나는데
흥망이 유수하고
세월이 쏜 살인가?

사시사철 뒤바뀜이
수 백을 넘어서니
왈칵 왈칵 치밀던
사백년 전 서러움도
이제는 꽃 속에 묻혀 가네.

그래도 어쩌나
꽃이라도 피어야지.
성벽 바위틈에
노랗게 피어 난
기린초 꽃무리.

三田渡의 굴욕을
還鄕女의 슬픈 넋을
꽃으로 덮으리니
꽃향으로 날리소서.

-남한산성 성벽의 기린초(09.6.21)-

꽃 벌판 저 너머로

가자! 가자!
꽃 벌판 너머 저 너머로.
벌 나비 너도 가자
靑山이 그립구나.

멀리 앞 산 그르메가
정겨이 기다리고
무지개가 솟아 나는
꽃 벌판 끝으로.
가다가다 넘어져도
꽃잎 위 아니겠느냐?

꿀 찾아 꽃[花] 찾는 벌나비도,
꽃 찾아 불[火] 찾는 부나비도
일순의 황홀감을 못잊어 맴돌지니
우리네 삶이라고 다를 바 무에냐?

-꽃벌판 저 너머로(09.6.26)-

백마고지용사 위령비 앞에서

그 누가 잊으리요
님들의 거룩한 뜻을.

지축이 흔들리고
산천이 찢기어 나가는 그 날
조국을 지키겠다는
오직 한 마음으로
빗발치는 포탄 속을 뚫고 달려
장렬히 산화한 붉은 그 가슴들.
솟구치는 선혈은
그 얼마나 진하고 붉은 장미빛이었을까요.

하늘아래 있되 하늘을 다 보지 못하고
막힘 없는 바다 위에 있어도 그 끝을 모르듯
님들의 영령 속에 오늘을 살면서도
우린 아직 그 뜻을 다 헤아리지 못하나이다.

파란 하늘 아래 우뚝 솟은
위령탑 우러러
가녀린 향불 한줄기 피어 올리나니
하이얀 뭉게구름보다 더 크고 순수한
우리의 정성으로 받아 주소서.

- 백마용사위령비(09.7.4) -

용늪의 비로용담

푸른 하늘 끌어안고
深山 青氣 모두어
안개 속에 빚어낸
天上의 맑은 색깔
용늪의 비로용담.

청자빛 고운 자태
해 맑은 그 미소에
빨려가는 내 발길.
행여나 놀랄세라
숨조차 멈추네
바람도 고이 자네.

-용늪비로용담 (09.7.8)-

꽃창포

툇마루에 목침 베고
뜰아래 굽어보니
한 여름 땡볕 아래
휘늘어진 꽃창포 잎.

深山 幽谷 올라와
다시 만나니
휘어져 뻗어 내린
기품 있는 잎줄기며
보랏빛 꽃잎에
선명한 금빛 줄기
내 눈(眼)을 치고 드네.

있을 곳에 있는 것이
참 멋인 것을 이제야 알겠네.

-용늪의 꽃창포(09.7.8)-

■ 작품 해설

언어의 花田

–박대문 시집, 「꽃 벌판 저 너머로」

양하(시인. 평론가)

회화에 있어서의 사실적 묘사 성향의 의미는, 현실을 직접 체험하고, 이러한 자연을 재현하는 자의 충실성이 또 매혹적인 것으로 만드는 것은 무엇보다도 먼저 되도록 소박하게 사물을 보고, 무엇 하나 조작하지 않고, 지나치게 의심하지 않고, 선입관 없이, 어떻든 무엇 하나 미화하지 않고 재현하여, 자연 그 자체에 자연이 만들어내는 효과를 지배시키고, 그 효과에 책임을 지게 하는 것이다.

–르동(Redon)

가자! 가자!
꽃 벌판 너머 저 너머로,
벌 나비 너도 가자
靑山이 그립구나.

멀리 앞 산 그르메가
정겨이 기다리고
무지개가 솟아 나는

꽃 벌판 끝으로
가다가다 넘어져도
꽃잎 위 아니겠느냐?

물 찾아 꽃[花] 찾는 벌 나비도,
꽃 찾아 불[火] 찾는 부나비도
일순의 황홀감을 못 잊어 맴돌지니
우리네 삶이라고 다를 바 무에냐?

—「꽃 벌판 저 너머로(09.6.26)」전문

르동은 1879년 'In the dream'이라는 제목의 석판화에 에드거 앨런 포의 시를 표현하는 시각적 언어를 표현하는데 당시 프랑스의 말라르메와 샤를 보들레르가 번역한 시가 대성공하여 회화로 그려진 것이다. 그림이나 사진 그리고 시 이들 모두가 회화의 한 장면이라는 면에서 공통점이 있다고 볼 수 있다. 박대문 시인에게는 어린 시절에 경험하고 체득한 추억들이 그의 마음의 꽃밭[花田]에 귀중하게 영글어 있는 것을 보게 된다.

이러한 시구를 보자. '달이 잠긴 초겨울 밤하늘/잘 닦인 유리창처럼 맑다./하늘 높고 맑으니 달빛 푸르다./푸른 달빛에 밤바람이 얼고/스치는 바람결에 별빛도 떨린다.'「밤바람 얼어도 봄꿈은 자란다」에서 그는 현재 어린 시절에서 멀리 떨어져 숲을 보듯 자아의 존재를 영혼 속에 떠올린다. 그러나

더욱 멀리 가버리지 못하게 하는 안간힘을 쓰게 된다. 「그리움」에서, '오늘도 기다린다/ 늘상 그리운 사람 ...... 슬픈 그리움' 그리고 「그리움에 떨며」에서 '凍土의 혹한 속에서/백설이 분분하는 얼어붙은 밤하늘 지켜보며/다시 필 산 야초를 기다릴지니라.' 로 더욱 시적자각을 푸른 필터로 투과시킨다.

박대문 시인은 그리움의 원형질을 찾아 떠나는 순례자의 발걸음이다. '하늘 우러러 한 점 부끄럼 없이/ 살아온 지난날이었다고 /내 어찌 말 할 수 있으리요?// 생로병사의 인생 旅程에/ 순백의 한 마음으로 살아보겠다고/ 하루에도 수 없이 되뇌어 보지만/ 희로애락의 소용돌이 속에서/ 그 얼마나 자유로울 수 있었던가?'

그 본질에 닿고자 하는 처절한 울음 속에서 시인은 사색하며 야생으로 태어난 꽃과 자신을 이분법으로 이원화하지 않고 자신을 야생의 삶에 이입시킨다. 「盆栽 모과 꽃망울」에서 '네 무슨 힘으로/ 여리디 여린 가슴 그리 제치고,/ 네 어디에 /눈물 배는 연분홍 그 빛깔 숨겨 두었드냐.// 보고 지운 내 사랑이구나./흘려 보고도 싶은 내 눈물방울이구나.' 이처럼 그에게 있어 꽃은 하나의 생명이고 자식처럼 느껴지는 애착이 있다.

박대문 시인은 사진을 찍을 때 마음속으로 시적 스파크가 울리듯 접신상태가 되면 비로소 사진기를 메고 산으로 들로 나가서 셔터를 터트린다. 그러나 그 셔터 소리까지 그리고 삼각대까지도 꽃과 산야에 들키지 않기 위해 조심스레 몸가짐을 단아하게 차려입는다. 꽃과 대화하는 모습이 선명하게 드러난다. 「美皇寺 동백꽃」에서 '햇살 풀리어가는 西方淨土 落照엔/ 수평선 노을 아래로 해가 저문다./ 길게 빼는 소[牛] 울음 天上의 가락 따라/ 너울너울 춤추며 붉은 해 가라앉듯/ 뚝뚝 붉게 떨어지는/美皇寺 동백꽃.//美皇寺 동백꽃.'

박대문 시인에게 꽃은 어린 시절의 동화요, 어머니에의 그리움의 꽃밭인 것이다. 그가 시와 대화를 시작하면 늘 어머니가 옆에서 그를 토닥거려준다. 이때 그는 영혼의 아이가 되어 금방 꽃의 동산인 花田으로 가서 어머니가 던져준 백지에 삶이라는 그림을 잘 그렸는지 확인해 보시라고 제시할 정도다.

지금도 곳곳에 널브러진
대관령 4월의 殘雪은
매섭게 바람 치는 긴긴 겨울밤에
뿌리 옅은 山野草 품에 안고 감싸며
메마른 朔風에 드러날까 날릴까
애 닳아 마음 졸여
어린 생명 지켜 왔다.

春節에 햇살 나고 봄기운 새어 드니
품에 안은 새 생명 햇볕에 내어 주고
봄바람에 목마를까 4월까지 곁에 남아
뿌리 옅은 새 싹들 목 축여 주면서
엷어지고 녹아내려
사그라져 간다.

대관령 4월의 殘雪에서
철없고 여린 몸 품에 안아 키워 내고
당신은 여위고 왜소해지면서도
들고 나는 자식 行步 평생을 가슴 조이다
지금은 자리 비운
울 엄니 一生을 본다.

—「대관령 四月의 잔설」전문

그리스 신화에 따르면 원래 인간은 암수 한 몸이었는데, 신이 둘로 갈라놓는 바람에 이렇게 늘 애타게 찾게 된 것이다. 종종 시가 나무라면 어떤 쪽일까 생각한다. 어쩌면 암수가 한 꽃 안에서 짝짓기를 하듯이 시의 나무속에서 우선 먼저 꽃이 활짝 핀 언어의 꽃이 빛깔도 전혀 다른 언어의 꽃에게 꽃가루 같은 낱말을 묻혀서 화려한 이미지의 꽃을 먼저 피우고 나면 다시 다른 언어들이 따라서 꽃봉오리 같이 무리지은 언어의 싹을 틔우듯이 피어나는 것은 아닐까 하는 생각을 해본다. <곰배령 꽃멀미>에서, '꽃바람에 취하고/꽃물결에 멀미하니/눈을 떠도, 감아도/山 속에서도, 벗어나서도/잊지 못하네/곰배령 꽃향기', 또한 <찔레꽃>에서, '찔레꽃 앞에 서니/ 보고 지운 얼굴 되어/ 하이얀 그림으로 / 눈앞에 어른대네/ 찔레꽃도 파르르/ 저녁놀에 떨고 있네.' 이처럼 꽃들은 서로의 언어로 화답을 하고 기뻐한다. 박대문 시인은 이런 화전에서 지내고 싶은 것이다. 그곳에는 어머니도 사랑하는 가족도, 그리고 꿈도 꽃속에 향기 되어 피어나는 것이다.

바람만 스쳐도
손끝만 대도
오그려 감추고
온 몸을 조이며
부끄럼에 떨더니만.

발그레 불그레
토해 낸
꽃 한 송이
발가벗은 알몸으로
내 앞에 섰네.

깜찍하고 요망스런
꽃망울로.

홀라당 넋을 잃고
그 안에 빠져 드네
숨죽이고
눈을 감고서.

대명천지도
고요 속에
잠기어 드네.

—「미모사꽃」전문

시인은 모든 사물의 원형적 의미를 처음처럼 재창조한다. 그것은 처음이라는 원천을 찾고자 하는 아니 다시 말하면 우주의 미아가 되고 싶지 않은 인간의 원형의 본능이라고 할 수 있다. '잡초라 부른다./ 이름도 몰랐다./ 그저 풀이라 불렀다./ 있었는지 없었는지/ 어디에서 보았는지/기억조차 없다....중략.... 이름을 불러보니/가슴에 남는구나./사랑이 오는구나/ 아! 사랑은 받는 게 아니구나./ 주는 거구나.' 시인의 연령은 금년 들어 이순耳順이다. 이 말은 곧 공자의 말씀으로 '예순이 되어서는 남의 말을 들으면 곧 세상이치를 깨달아 저절로 알게 되었다.' 라는 의미이다. 잃어버린 60년을 찾기 위해 시인은 고뇌하고 외로워한다. 그러나 그를 달래주는 것은 어렸을 적에 함께 늘 같이 놀던 야생화이고 산야인 것이다.

雲海로 감싸인

7월의 노고단에는
비밀한 숨결이
바람 따라 흐른다.

지리산이 숨을 쉰다.
큰 山의 숨결이
생명을 키운다.
들숨에 생명이 눈 뜨고
날숨에 野草가 피어난다.

天地간의 비밀한 속삭임은
밤새 하나씩
꽃으로 태어난다.

원추리가 피어나고
터리풀이 피어나고
기린초가 피어난다.

7월의 노고단에는
野草가 자란다.
생명이 자란다.

—「7월의 노고단에는」전문

이순에 이르러 갖게 되는 자아와 생명사상은 너무나 보편적

이고 외소하다. 관직생활을 오래 해온 그에게는 오히려 자신을 높이려는 의도보다는 자신을 더욱 아래로 아래로 낮게 설정한다. 그것이 불교에서 말하는 하심下心이겠다. 박대문 시인에게 있어 60평생은 그야말로 봄 여름 가을 겨울처럼 질곡과 희망이 교차하는 희비의 쌍곡선이 그의 삶 속에 맺혀서 이제사 그 수많은 이야기를 토실토실 살찌우듯 말로 쌓고 있다.

'내 사랑하는 사람아!
단풍 숲을 거닐어 보자.
너와 나의 삶의 빛깔이 얼마나 진했는지
단풍과 견주어 보자.

기쁨과 슬픔이
씨실과 날실 되어
오색 찬연하겠지.

아픔과 환희가
함께 어우러져
무지개 빛으로 빛나겠지.

남은 우리네 삶은
어떤 빛으로 남길까?

들꽃은 바람에 몸을 맡겼고,
낙엽은 계곡수에 몸을 맡기는구나.

우리는 우리는
청산에 몸을 맡겨,
밝고 따뜻하게 감사하며 살자꾸나.

붉은 빛이 되자꾸나.

—「단풍 숲을 거닐어 보자」에서.

박대문 시인이 바라고 원하는 것은 인간성 회복이다. <남한산성에 오르니>에서, '발아래 멀리 한강을 굽어보니/ 송곳 새도 없이 꽉 들어찬/ 가가호호, 건물, 회색빛 자동차길.../남한산성은 이들에/야금야금 에어 싸이는구나.// 집, 건물, 도로들 회색빛에 둘러싸여/외로운 섬이 되어 가는 남한산성,/400년 전 淸軍에 포위된/ 山城의 절박함이 이러했을까', 또한 <우리는 이렇게 살자꾸나>에서, '어디 보인다고 다 그대로이며/ 어찌 아 안 보인다고 없다 할쏘냐마는/ 보이는 것도 다 못 헤아림이여!/ 보이면 보인대로/ 안 보이면 안 보인대로/절로절로 그렇게 살고 지고,/우린 이렇게 살자꾸나' 그리고 그의 조용한 주장은 <자연 序詩>에서, '함께 살아간다/ 모두 다 함께 사는 거다/ 조용조용 오붓하게 살아간다....<중략>....내어 주고, 비켜 가고, 비우고/ 그래서 자연은 아름답구나,/그래서 산천이 한결 같구나.'

그리움 이후는 이별이라던가, 외롭지만 행복했던 야생의 삶을 접고 도시로 그는 떠나온다. 그 떠남은 산야를 자기 몸처럼 사랑하는 사람에게는 고통이고 비통함이다. 그는 직장관계로 대관령 산마루를 떠난다. 시, <바람 따라 낙엽 따라-대관령을 떠나며>에서, '내 너를 찾아오마/ 잊지 않고 돌아오마/떠난 듯 도셔 오리야마는/ 담긴 情이 진한데/ 내 어찌 쉽게 털어 낼소냐./ 그 질기고 묘한 情이라는 것을.' <겨울눈[冬芽]의 기도>에서, '석별의 아픔에 눈물이 배어/무겁게 흔들리며 가라앉던 잎 새들./ 겨울 허공에 홀로 남은 겨울눈[冬芽]/그것은 선택이 아닌 숙명의 결별이었기에/벌거숭이 裸木은 밤새 울었다./지나가는 바람이 함께 울어 주었다.//裸木끝 빈 가지의 애련한 겨울눈은/먹 하늘 별빛 속 막막한 허공에/ 一心의 합장이라 두 손 모아 기도했다. /스치는 새벽바람에 맨 가슴 드러나도/生의 精靈 머무소서!/푸른 잎, 고운 꽃 임하소서!/가냘픈 눈망울 시린 줄도 모르고/ 하늘 우러러 밤새워 기도했다.' 그의 수채화 같은 사진과 함께 어울리는 시를 보이면서 이 글을 줄인다. 더한 감동은 말보다는 사진이 더해 주니 말이다. 다시 한번 첫 시집을 축하드린다.

해거름 빛이 녹아내려
어둠이 되고
강은 어둠에 빨려든다.

하루 종일 꿈쩍 않고
하늘 받쳐 서 있던
강 건너 큰 산과 나무가
어둠에 묻힌 강물에 안기어
밤을 새운다.

하늘, 강, 어둠의 만남은
천지에 새 기운을 빚어낸다.

물오리 한 쌍의 새벽 물이랑이
잔잔한 水面의 고요를 휘젓고,
꿈길에서 물결 따라 아른거리는
큰 산과 나무의 그르메를
흔들어 깨운다.

물안개 피어나는 여명의 강변에는
새 기운이 강물 따라 넘쳐흐르고
왁자지껄 새 아침이 밀려온다.

—「물안개 피는 강변의 수채화」전문

꽃 벌판 저 너머로

초판 1쇄 / 2009년 9월11일
지은이 / 박대문
발행인 / 이경은
주간 / 양하
편집인 / 황정산
편집 디자인 / 양종현
펴낸 곳 / 현대시문학사

주소 / 경기도 광주시 실촌읍 신촌리 산1-1
동원대학 효암관 414호
031-799-8892(Fax 겸용)
016-851-0623
E-mail / hihd@paran.com
홈페이지: www.koreanpoetry.com
등록 / 1999.6.11 제13-619호

ISBN 978-89-9052086-9